Tus 20 frases Zen

Algunas reflexiones Zen comentadas con arte y sencillez

Rina Tani Moratalla

© Texto y traducción: Rina Tani Moratalla
© TUS 20 FRASES ZEN
© Ilustraciones: Rina Tani Moratalla

Primera edición, 2017
ISBN: 978-84-685-2099-5
Impreso en España
Editado por Bubok Publishing S.L.

"Reservados todos los derechos. Salvo excepción prevista por la ley, no se permite la reproducción total o parcial de esta obra, ni su incorporación a un sistema informático, ni su transmisión en cualquier forma o por cualquier medio (electrónico, mecánico, fotocopia, grabación u otros) sin autorización previa y por escrito de los titulares del copyright. La infracción de dichos derechos conlleva sanciones legales y puede constituir un delito contra la propiedad intelectual.

Diríjase a CEDRO (Centro Español de Derechos Reprográficos) si necesita fotocopiar o escanear algún fragmento de esta obra (www.conlicencia.com; 91 702 19 70 / 93 272 04 47)."

Tus 20 Frases Zen

*ALGUNAS REFLEXIONES ZEN
COMENTADAS CON
ARTE Y SENCILLEZ*

Rina Tani Moratalla

A mi hija

La verdad se encuentra en cada hoja, en cada lágrima, ...
　　　　Krishnamurti

PRÓLOGO

Me gustaría compartir con vosotros algunas frases que provienen de la sabiduría 禅 *Zen*, seleccionando aquellas que podrían responder más a las interrogaciones que nos hacemos en el día a día de nuestra incierta vida moderna.

La enseñanza Zen, aun teniendo su origen en la India, alcanzó su esplendor en las diversas escuelas budistas de China, Corea y Japón. Tras la llegada a Japón (alrededor del siglo XIII y XIV), se afianzaron varias corrientes (de las cuales las más conocidas son: 曹洞宗 *Sōtōshū* y 臨済宗 *Rinzaishū*) que evolucionan y se mantienen hasta el día de hoy. Estas enseñanzas, lejos de permanecer herméticas entre las cuatro paredes de los templos, pudieron, en parte, trascender y fundirse con la cultura popular autóctona a través de la transmisión de los dichos y frases Zen (禅語 *Zengo*).

Las frases que aparecen en este libro están traducidas de manera libre y personal, adaptadas en la medida de lo posible al contexto occidental de nuestro siglo. Por tanto, las traducciones no siempre serán literales, ya que mi intención es la de divulgar los conceptos Zen a todos lo lectores, intentando liberar dichos conceptos de los encasillamientos religiosos, culturales o académicos a los que suelen estar sometidos.

He añadido unas ilustraciones y anotaciones personales que acompañarán la lectura de cada una de las frases, y que espero que sean explicativas o al menos entretenidas.

Las sensaciones que nos llegan al leer una frase Zen nunca serán las mismas para todos nosotros, porque es algo íntimo e individual. Por tanto, es lógico pensar que algunos lectores no estarán siempre de acuerdo con mis comentarios e interpretaciones. Pero creo que precisamente este desacuerdo es lo que confirma la riqueza del mundo del Zen, cuyas palabras parecen reflejar en cada uno de nosotros, solo aquello con lo que estamos resonando en el momento de la lectura.

Por último, no quisiera omitir que muchas frases muestran conceptos diferentes según qué fuentes se haya consultado y que, en ocasiones, llegan incluso a ser interpretaciones contradictorias. Por ello, he decidido plasmar en este libro aquellas interpretaciones con las que me he sentido identificada, a través de la lectura directa y propia de dichas frases.

Confiando en que los lectores puedan sentir parte de este maravilloso mundo oriental, y que lo conviertan en algo propio, pues lo que es universal no conoce fronteras.

Madrid 2017

Rina Tani Moratalla

CÓMO LEER ESTE LIBRO

Para que el lector no pierda ninguna información, quisiera explicar en breves palabras cómo leer este libro:

En cada página se podrá ver la frase escrita en 漢字 *Kanji* (pictograma japonés de origen chino) dentro de la ilustración, y a su lado el texto explicativo.

He incluido, además de los *Kanji*, la lectura en 平仮名 *Hiragana* (Silabario japonés) y en *Romaji* (representación con el alfabeto latino). De esta manera pretendo que el lector pueda disfrutar del sonido de la frase pronunciado en japonés.

Para la romanización existen varios sistemas, pero para nuestro libro he decidido utilizar una variante del antiguo sistema Hepburn, con objeto de hacer la lectura más intuitiva y sencilla para aquellos lectores no habituados al estudio de la lengua japonesa.
En concreto, para las vocales largas, este sistema utiliza un macrón. De este modo y como ejemplo, una "o" larga que se pronuncia "oo", se escribiría "ō".

Por último, he añadido el significado de cada uno de los *Kanji* que componen las frases, para que el lector pueda disponer de mayor información, e intuir los matices adicionales del sentido de dichas frases.

挨拶
あいさつ *aisatsu*

Saludar

Me gustaría empezar la primera frase con esta palabra. Es una palabra que en el japonés contemporáneo significa "saludo" o "saludos", y que tuvo su origen en el mundo del Zen, y en las constantes preguntas y respuestas que se intercambiaban cada día los practicantes para medirse entre ellos.

Por tanto, es una palabra que en sus inicios venía cargada de un sentido más amplio, que se podría expresar como "avanzar para acercarse al otro".

Saludar es, en definitiva, dar yo misma el primer paso para poder conocer y entender al otro; una actitud activa, cuyo objeto es comprender al prójimo y, de alguna manera, la vida misma.

挨 *ai* (empujar, ir hacia delante)
拶 *satsu* (aproximarse, presionar)

魚行水濁

うおゆきてみずにごる *uoyukite mizunigoru*

Cuando los peces nadan siempre enturbian el agua

Si observas nadar a los peces, verás cómo dejan una pequeña turbulencia, quedando además turbio el agua, si estos nadan en fondos arenosos.
Seguramente es una de las frases más conocidas, y nos indica que todas nuestras acciones quedan escritas, pues siempre quedará alguna huella por ínfima que sea.
Si un día crees que tus esfuerzos no han servido para nada, ten la certeza de que no es así. Nada queda en vano, porque siempre habrá alguien que te recuerda, o algo que trasciende tu acción.

魚 *sakana, uo* (pez)
行 *iku, yuku* (ir, avanzar)
濁 *nigo-ru* (enturbiar)
水 *mizu* (agua)

魚行水濁

自灯明
じとうみょう *jitōmyō*

Mi luz interior

¿Te has sentido alguna vez asaltado por grandes dudas en los momentos más decisivos de tu vida? ¿Instantes en los que la duda te ha hecho buscar una norma que te reubique, o un guía que te lleve de la mano?

Pues quizás en esta ocasión, la solución a tu problema no se encuentra fuera de ti sino en tu interior.

Esta frase te sugiere que confíes en ti mismo, es decir, en tu propia luz interior, pues ella sabrá iluminar el entorno en el que te hallas para que puedas continuar dando tus pasos.

Se piensa que la frase fue dicha por Buda a uno de sus discípulos, Ananda, a quien le pidió confiar en sí mismo, sin depender ni someterse a terceros.

自 *ji* (uno mismo)
灯 *tō, akari* (lámpara o instrumento para iluminar)
明 *myō, akari* (luz, luminosidad)

無一物中無尽蔵

むいちもんちゅうむじんぞう *muichimonchū mujinzō*

Cuando se deja de ser, se es el universo

Debido a la riqueza del castellano y, a la vez, del japonés, esta frase se podría traducir de infinitas maneras. Así pues, también podríamos expresarlo como: "cuando se deja de poseer, se alcanza lo ilimitado (infinito)".

Una frase de inmensa belleza en cualquiera de sus variantes.

Si dejamos de lado el marcado misticismo que encierra dicha frase, lo que nos propone sería renunciar a nuestras obsesiones y prejuicios, pues éstas atan y bloquean nuestro potencial.

En definitiva, la frase nos invita a liberarnos de las ataduras, para que podamos alcanzar, quizás, aquello que anhelamos verdaderamente.

無一物 *muichimon* (no disponer de nada)
無尽蔵 *mujinzō* (cantidad inagotable, infinito, posibilidades ilimitadas)
Se piensa que el autor pudo ser 蘇東坡 *Sotōba* (siglo XI), aunque no se puede afirmar con exactitud. La frase se incluyó posteriormente en el libro 東披禅喜集 *Tōbazenkishū* (siglo XVI).

無一物中無尽蔵

冷暖自知

れいだんじち *reidanjichi*

Experimentar por sí mismo el frío y el calor

Esta frase nos viene a decir algo que parece evidente pero que olvidamos con facilidad: sólo la experiencia propia nos da el conocimiento de los hechos.

Es, por ello, una invitación a vivir plenamente nuestra vida sin delegarla a otros.

La frase se podría entender también como una llamada a la empatía: tan solo poniéndome en tu lugar, puedo entender lo que sientes y lo que te hace ser como eres...

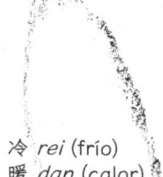

冷 *rei* (frío)
暖 *dan* (calor)
自知 *jichi* (conocimiento a través de uno mismo)

冷暖自知

七走一座
しちそういちざ *shichisōichiza*

CORRER SIETE VECES Y SENTARSE UNA VEZ

Si en estos momentos dudas de algo en lo que llevas esforzándote años, a pesar de la ilusión de los comienzos y la determinación que mostraste en el camino, entonces ésta podría ser tu frase. Pues dice que tras haber transitado una senda durante una temporada, puede ser conveniente parar... para reajustar el rumbo, observar, o simplemente para tomar aire...

Con frecuencia la meta que nos fijamos de joven queda obsoleta unas décadas después. Si nos damos cuenta de ello, seguramente ahora es el momento para sentarse a pensar.

七走 *shichisō* (correr siete veces)
一座 *ichiza* (sentarse una vez)

七走一座

一期一会
いちごいちえ *ichigoichie*

Un encuentro único en la vida

Esta frase, que tuvo su origen en las ceremonias del té (茶道 *Sadō*) nos recuerda que un encuentro es siempre único en la vida. Es una frase célebre y un ideal de la vida, que fue tratado en numerosos libros y ensayos, de los cuales podría destacar 茶湯一会集 *Chanoyuichieshū*: un libro sobre el *Sadō* del digo XIX que trata extensamente dicha filosofía.

Es bien sabido que los seres humanos cambian y que no existen dos instantes iguales. Y por ello, la frase nos sugiere que incluso los encuentros rutinarios, como son los familiares o amistosos, son únicos en la vida, pues no se repetirán jamás de la misma manera. Pero también nos indica que estemos atentos porque quizás sea ese próximo encuentro el que nos transforme la vida para siempre...

一期 *ichigo* (toda una vida)
一会 *ichie* (un único encuentro)
茶道 *sadō* (ceremonia del té)

百不知百不会
ひゃくふちひゃくふえ *hyakuhuchihyakuhue*

No saber nada, no comprender nada

A priori son palabras peyorativas, y definen a una persona "ignorante" (que no sabe nada) y "tonta" (que no comprende nada). Sin embargo, en el mundo del Zen se considera que aun cuando creemos tener innumerables conocimientos sobre el mundo y la vida, lo que todavía nos falta por saber es tan extenso que, a fin de cuentas, seguiríamos sin diferenciarnos de un simple ignorante.

Por ello, ésta es una frase que te recuerda que desconfíes de los que se jactan en exceso de sus méritos, pues un sabio suele ser algo más consciente de su propia limitación…

Pero también podría entenderse de esta otra manera: puedo ir tranquila por la vida, preguntando abiertamente lo que no entiendo, sin tener que aparentar ser más que otros… y saber que nunca perderé mérito por ello.

百不知 *hyakuhuchi* (un persona que no sabe nada)
百不会 *hyakuhue* (una persona que no es capaz de comprender casi nada)

百不知 百不会

把手共行
はしゅきょうこう *hashukyōkō*

CAMINAR JUNTOS, COGIDOS DE LA MANO

Eres muy afortunado si tienes a tu lado una persona con quien poder compartir tus alegrías y tristezas más profundas. Si tienes la fortuna de tener un verdadero amigo, esta frase te sugiere que le cuides y que camines junto a él. Pues indudablemente, ellos dan un gran sentido a nuestras vidas. Es una frase que brilla por su sencillez y contemporaneidad. Sin embargo, esta palabra, dicha por 無門禅師 *Mumon zenji*, en la China del siglo XIII, y que forma parte de las enseñanzas de la compilación: 無門関 *Mumonkan* (la barrera sin puertas), tuvo en su origen un matiz marcadamente religioso, ya que hace mas bien referencia al caminar conjunto de aquellos sabios que han trascendido. Pero siglos después, sigue resonando en nuestros corazones por su universalidad: ¿pues no es acaso la amistad la que, en definitiva, desde su sencillez, nos impulsa a dar los grandes pasos?

把手 *hashu* (cogidos de la mano)
共行 *kyōkō* (caminar juntos)

把手共行

春色無高下　花枝自短長

しゅんしょくにこうげなく　かしおのずからたんちょう

shunshokunikōgenaku kashionozukaratanchō

LA PRIMAVERA NO DISTINGUE LO RELEVANTE DE LO INSIGNIFICANTE. Y LAS RAMAS FLORECIDAS PUEDEN POR SÍ MISMAS SER LARGAS Y CORTAS

Estas dos frases son un bellísimo canto a la diversidad y tolerancia. La primera frase nos viene a decir que la luz de la primavera nos llegará a todos sin distinguir el nivel de nuestra clase social, cultural, o conocimiento. Y la segunda frase nos recuerda la necesidad del respeto a la diferencia individual, pues es la suma de nuestras diferencias combinadas las unas con las otras, la que crea la gran harmonía; el árbol con todas sus ramas desiguales que, en definitiva, le hacen perfecto y único.

春色 *shunshoku* (paisaje primaveral, aunque literalmente se traduce como color de primavera)
高下 *kōge* (alto y bajo, que en este contexto me he permitido traducirlo como relevante e insignificante)
無 *mu, na-i* (nada, no)
短長 *tanchō* (corto y largo)
花枝 *kashi, hanae* (ramas de flores)
自 *ji, onozu* (uno mismo)

花枝自短長

春色無高下

結果自然成
けっかじねんになる *kekka jinenninaru*

Y EL RESULTADO SE REVELARÁ ANTE TI, DE FORMA NATURAL

Cuantas veces has acabado posponiendo ese proyecto personal en espera del momento adecuado, quizás por temor al fracaso? Pues esta frase te invita a dar tus primeros pasos. Te anima a que confíes y pases a la acción, ya que el resultado siempre se presentará ante ti, naturalmente, tarde o temprano.

Aunque este dicho no te asegura ni el éxito ni el fracaso de tus acciones, sí te anima a subir ese primer peldaño, desde donde quizás puedas ver nuevos horizontes que te ayuden a subir el siguiente, o tomar otro camino.

En definitiva… te dice: ¡adelante!

結果 *kekka* (resultado)
自然 *jinen, shizen* (naturalmente, naturaleza)

担雪填井

ゆきをになってせいをうずむ

yukiwoninatte seiwouzumu

Rellenar un pozo con la nieve

Podría parecer absurdo rellenar un pozo tan solo con la nieve. Merece la pena tal esfuerzo?

Me viene la imagen de la pureza y el frío de la nieve en las palmas de mis manos. Al echarla en el pozo pacientemente, lo hago sin la certeza de conseguir algún día cubrir el pozo.

Esta frase pretende cuestionar nuestro mundo teñido de pragmatismo, en el que a menudo se sobrevalora solo lo práctico. En cambio, nos sugiere alzar la vista hacia la belleza de aquellos gestos que provienen del esfuerzo sin espera de una recompensa. Porque quizás en esas absurdas acciones se atesora la dignidad del alma de quien la ejerce...

担 *katsu-gu* (llevar a cuestas) 雪 *yuki* (Nieve)
填 *a-su* (Rellenar) 井 *i* (Pozo)
Esta frase tan visual, aparece en el libro: 毒語心経 *Dokugo Shinkyō*, escrito por 白隠慧鶴 *Hakuin Ekaku*, un 禅僧 *Zensō* (monje zen) japonés del siglo XVII que destacó además por sus ilustraciones y caricaturas expresivas, en su intento de divulgar la sabiduría Zen al pueblo llano.

担雪填井

八風吹不動

はっぷうふけどもどうせず

happūhukedomo dōsezu

NO INMUTARSE ANTE LOS OCHO VIENTOS*

Estamos ante una frase que nos dice que debemos perseverar y no alterarnos ante la primera crítica, comentario, influencia o cambio de contexto.

Al igual que los vientos son caprichosos y cambiantes, pues depende de las condiciones climáticas del momento, la opinión de los demás sobre ti puede cambiar en función del día y del interlocutor. ¿Merece la pena cambiar tu rumbo de buenas a primeras por estos vientos superfluos? Si realmente tienes convicción en lo que haces, quizás sea preferible mantenerte estático durante un tiempo, como una roca o bien como un クスノキ *kusunoki*.

八風 *happū* (ocho vientos; significa en este contexto todo aquello que viene a molestar, a influir y a alterarnos, al igual que los fuertes vientos cambiantes de la naturaleza)
吹 *fu-ku* (soplar)
不動 *fudō, dōsezu* (no moverse, inmóvil)
クスノキ *kusunoki* (árbol de alcanfor; inmenso arbol común en el extremo oriente.

知足
ちそく *chisoku*

Saber que se tiene lo suficiente

Muchas veces, tenemos lo suficiente para ser feliz pero no somos conscientes de ello. Esta frase nos advierte que, si tan solo supiéramos realmente lo que tenemos, nos sentiríamos bien sin necesidad de mucho más.

知足 *Chisoku* me recuerda que si en lugar de añadir más agua, cambiara de recipiente, podría saber que tengo suficiente, porque quizás el recipiente no es más que un pensamiento voluble de mi mente.

知 *chi, shi-ru* (saber)
足 *soku, ashi* (suficiente, pero también significa pierna)

Esta frase, aun si solemos encontrarla en numerosos libros de divulgación Zen, proviene en efecto del taoísmo, pues parece que fue mencionado por 老子 *Rōshi* (*Lao Tse*, en chino) en el conocido libro: 老子道徳経 *Rōshidōtokukyō* (*Tao Te Ching*, en chino). No obstante, he decidido incluirlo en este libro, porque en la practica ha terminando formando parte la cultura Zen.

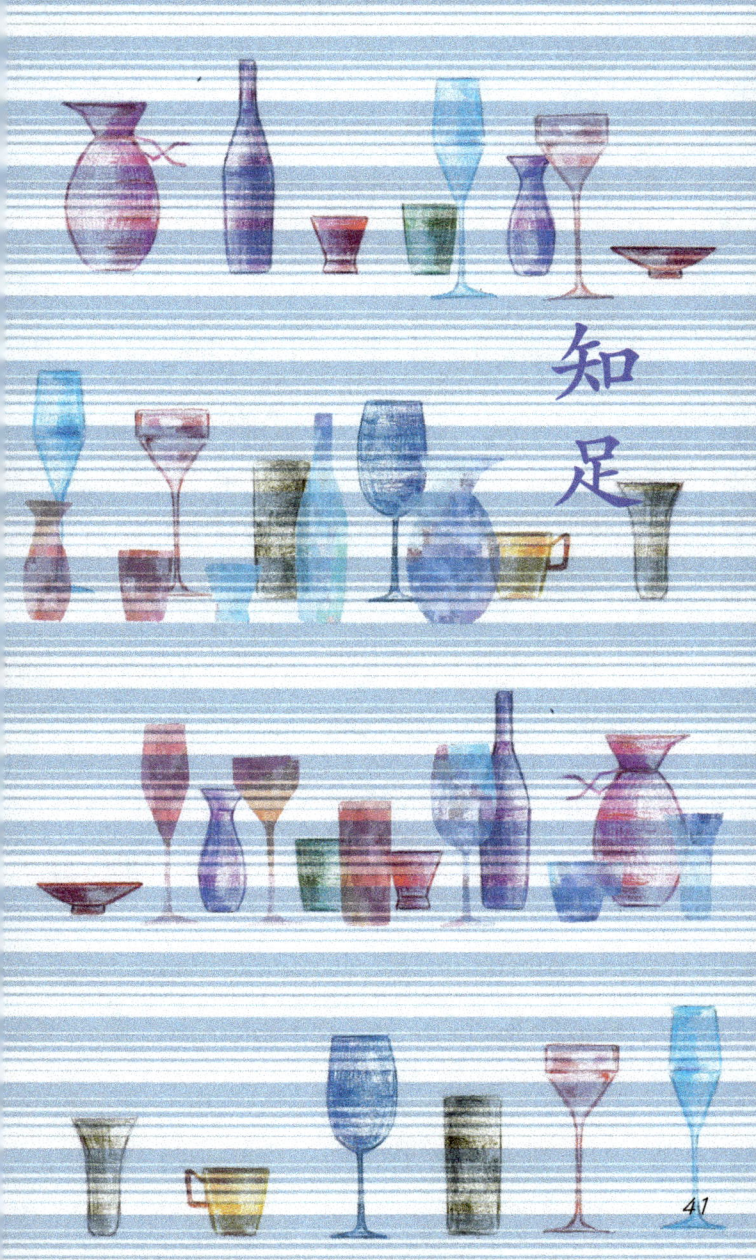

主人公
しゅじんこう *shujinkō*

Mi verdadero ser

Actualmente esta palabra se emplea en el japonés contemporáneo para designar al personaje principal de una novela o una película. El significado original y su interpretación en el mundo del Zen resulta tan variado como extenso, pero destaca el concepto de "el verdadero yo", es decir "lo que se es en esencia". El pensamiento Zen entiende la inmensa dificultad de ser verdaderamente uno mismo, y lo fácil que es en cambio dejarse llevar por las influencias externas que condiciona nuestros pensamientos, y hasta nuestro sentir. Por ello, nos sugiere tomar conciencia de ello.

Queda de ello una anécdota curiosa*; pues se decía que el excéntrico monje, 彦和尚 *Gen-oshō* se llamaba y preguntaba a sí mismo todos los días: " 主人公！¡*shujinkou*! ¡¿estas despierto?!", y seguidamente se respondía, sin preocuparle las caras de asombro y burla de sus compañeros...

---

*Tal como aparece en la compilación: 無門関 *Mumonkan*

主人公

単刀直入
たんとうちょくにゅう *tantō chokunyū*

IR DIRECTO A LA ESENCIA

Estamos ante una frase que se puede traducir literalmente como "lanzarse en solitario con el sable en una batalla". No he querido omitir esta expresión literal tan gráfica, porque creo que nos permite sentir mejor los matices de lo que la frase trata de transmitir.

Nos invita, claramente, a no dar rodeos y a permitirnos ser valientes llamando a las cosas como son, o al menos como nos parece que son. Pues a veces, lo sencillo es profundo, y lo complejo es superficial, como bien dicen algunos sabios.

単刀 *tantō* (un único movimiento de corte con el sable japonés)
直入 *chokunyū* (entrar, lanzarse directamente)

单刀直入

柳緑花紅

やなぎはみどりはなはくれない

yanagiwamidori hanawakurenai

El sauce es verde, y la flor carmesí

Seguramente no nos cabe ninguna duda de que el color del sauce es verde y que las flores son coloridas, pues eso es lo que son en su esencia y probablemente no han venido al mundo a ser otra cosa. Entiendo que el Zen nos dice que vivimos para ser sencillamente nosotros mismos y que para poder brillar, bastaría con aceptarnos. Ahora bien, si llevamos la lógica sencilla de nuestra frase al ámbito práctico, es posible que nos cueste bastante encajarlo…

Pues a menudo aceptarnos nos podría parecer que requiere mayor esfuerzo, e incluso a veces, nos puede hacer sentir que nadamos contra corriente…

柳 *yanagi* (sauce)
緑 *midori* (color verde)
花 *hana* (flor)
紅 *kurenai* (color carmesí)

水急不流月

みずきゅうにしてつきをながさず

mizukyūnishite tsukiwonagasazu

POR MUY RÁPIDA QUE FLUYA LA CORRIENTE, NUNCA DESPLAZARÁ A LA LUNA

Vivimos en un mundo que parece cambiar sin cesar como el flujo de un río. Y a veces es difícil saber con certeza dónde anclar para no dejarse llevar por la corriente. En esos momentos, el Zen nos dice que nos fijemos en el reflejo de la luna en nuestro río turbulento; su imagen se deforma continuamente debido al flujo, pero siempre se mantendrá en su sitio.

Pues, ni la luna, ni su reflejo se irán a ninguna parte, al igual que nuestro ser.

水 *mizu* (agua)
急 *kyū, iso-gu* (rápido)
月 *tsuki* (luna)
流 *ryū, naga-reru* (fluir)

水急不流月

遠観山里色

とおくさんりのしきをみる

tōkusanrino shikiwomiru

Observar desde la distancia, los montes y la aldea donde vivo

Es una frase que nos invita a buscar puntos de vistas diferentes, advirtiendo del peligro de la miopía existencial a la que podemos estar expuestos cuando nos encerramos en la rutina estrecha de estímulos homogéneos.

Así pues, cuando te sientes estancado, puede ser una buena idea alejarte temporalmente de donde estás. Te puedes alejar en forma de un viaje, o simplemente reservando un par de horas de descanso pleno.

Y así al cambiar tu perspectiva y poner distancia, podría cambiar la medida de tus pensamientos, y quizás podrías apreciar algún detalle cálido que se te había escapado últimamente.

山里 *sanri, yamazato* (aldea, pueblos situados entre montañas)
遠 *tō-i* (lejos)
観 *mi-ru* (observar)

遠觀山里色

晴耕雨読
せいこううどく *seikō udoku*

LOS DÍAS SOLEADOS TRABAJA EN EL CAMPO,
Y LOS DÍAS DE LLUVIA, QUÉDATE EN CASA
LEYENDO

La claridad de esta frase no necesita mayor explicación. Parece que existen unos momentos más idóneos que otros para la realización de las diferentes tareas de la vida, e imagino que es preciso entender en qué circunstancias nos encontramos, para así saber elegir la labor. En el transcurso del día y de los años;¿cuáles son los momentos adecuados para consagrarnos al trabajo? ¿y cuándo es preciso reposar?
La frase nos plantea la importancia de comprender el entorno y adaptarnos en la medida de lo posible, para así adecuar nuestras vidas a nuestros sueños y circunstancias.

晴 *sei, hare* (día soleado)
耕 *kō, tagaya-su* (tierra cultivada, cultivar)
雨 *u, ame* (lluvia)
読 *doku, yo-mu* (leer)

Fin

ÍNDICE DE CONTENIDO

Prólogo	....	9
Cómo leer este libro	....	12
Frases Zen		
Saludar	....	14
Cuando los peces ...	....	16
Mi luz interior	....	18
Cuando se deja de ser ...	....	20
Experimentar por sí ...	....	22
Correr siete veces ...	....	24
Un encuentro único ...	....	26
No saber nada ...	....	28
Caminar juntos ...	....	30
La primavera ...	....	32
Y el resultado ...	....	34
Rellenar un pozo ...	....	36
No moverse ante ...	....	38
Saber que se tiene ...	....	40
Lo que se es ...	....	42
Ir directo a ...	....	44
El sauce es verde ...	....	46
Por muy rápida que ...	....	48
Observar desde ...	....	50
Los días soleados ...	....	52
Indice	....	55
Bibliografía	....	56

BIBLIOGRAFIA

1. Genyū Sōkyū, 禅的生活 *Zenteki seikatsu*, Chikuma Shinsho, 2003
2. Genyū Sōkyū, 釈迦に説法 *Shakaniseppou*, Shinchōsha, 2004
3. Arita Hideho, Genyū Sōkyū, 禅と脳 *Zento Nō*, Daiwashobo, 2005
4. 新版 禅学大辞典 *Shinpan zengakudaijiten*, 大修館書店 Taishukanshoten, 1985
5. 茶湯一会集 *Chanoyuichieshyū*, 1858
6. Takeyama Kōdō, 禅語 *Zengo*, Riberaru, 2017
7. 心がまあるくなる禅語 *Kokoroga mārukunaru zenngo*, Riberaru, 2011
8. Noda Daitou, Sugitani Midori, Ishitobi Hakkou, 続ほっとする禅語70 *Zoku Hottosuru Zenngo 70*, Nigensha 2004
9. Domenique Loreau, *L'art de la simplicité*, Edition Robert Laffont, 2005
10. Takeda Kyouson, 禅のことば禅のこころ *Zen-no kotoba Zen-no kokoro*, Nihonjitsugyōshuppansha, 2012

www.ingramcontent.com/pod-product-compliance
Lightning Source LLC
Chambersburg PA
CBHW061514040426
42450CB00008B/1617